전도자가 갖추어야 할 네 가지 덕목

1. 전도자는 물 같은 사람이 되어야 한다.
물의 특성은 어느 그릇에 담든지 그릇의 모양대로 적응한다. 둥근 그릇에는 둥근 모습으로, 네모 그릇에는 네모 모습으로 나타나듯이 전도자는 환경이나 사람에게 구애받지 않고 적응해야 한다.

2. 전도자는 태양 같은 사람이 되어야 한다.
태양처럼 열정적이며 또한 봄빛처럼 따뜻해야 한다.
태양이 누구에게든, 어느 구석이든 차별 없이 골고루 비춰듯이, 전도자는 차별 없이 모든 사람에게 따뜻해야 한다.

3. 전도자는 비둘기같이 온유한 사람이 되어야 한다.
비둘기처럼 사람을 좋아하고, 따르며, 온유한 예수님의 마음을 가진 사람이 되어야 한다.

4. 전도자는 바다와 같은 사람이 되어야 한다.
바다는 시냇물, 강물, 깨끗한 물, 더러운 물, 가리지 않고 모든 물을 받아들여서 바다라고 한다. 전도자의 마음은 바다처럼 모든 사람을 포용할 수 있어야 한다.

1. 하나님께서는 당신을 사랑하십니다.

하나님은 사랑이십니다(요한일서 4:16). 하나님은 당신에게 복음을 주시고, 평강을 주시기를 원하십니다. 그런데 많은 사람들은 이러한 참 자유를 누리지 못하고 있습니다.

왜 그럴까요?

2. 사람은 하나님을 떠난 죄인이기 때문입니다.

모든 사람이 죄를 범하여 하나님의 영광에 이르지 못하게 되었고(로마서 3:23), 하나님의 사랑과 축복의 통로를 이 죄가 차단하고 있기 때문입니다.

당신은 이 죄를 어떻게 하시겠습니까?

3. 사람의 죄를 해결하시는 유일한 분은 예수님이십니다.

하나님께서 당신의 죄악을 예수님께 담당시키셨습니다.
예수님은 이렇게 말씀하십니다.
"이것은 죄 사함을 얻게 하려고 많은 사람을 위하여 흘리는바 나의 피 곧 언약의 피니라" (마태복음 26:28)
이젠 당신이 해야 할 일이 있습니다.

4. 누구든지 이 예수님을 믿으면 죄 사함을 받고 하나님의 자녀가 되어 풍성한 삶을 살게 됩니다.

"영접하는 자 곧 그 이름을 믿는 자들에게는 하나님의 자녀가 되는 권세를 주셨으니"(요한복음 1:12)라고 하셨습니다. 이 사실을 믿는 자들에는 풍성한 삶을 약속하고 계십니다.
"내가 온 것은 양으로 생명을 얻게 하고 더 풍성히 얻게 하려는 것이라" (요한복음 10:10).

교회(성도)와 전도 생활

1. 전도의 의미

전도란 헬라어로 '유앙겔리온'(euanggelion)이라고 하는데 그 의미는 복음(gospel)을 전해주는 것을 말합니다. 복음은 예수 그리스도의 구원 사역에 관한 기쁜 소식(Good News)이 됩니다. 따라서 전도는 단순히 교인들의 수를 늘려보려는 교세 확장의 수단으로만 삼아서는 안 되고 어디까지나 영혼을 구원(Winning Soul)하려는 데 그 목적이 있음을 알아야겠습니다.

전도란 (Evangelism)

전도란 자체 국민 중 비신앙인을 신앙인이 되도록 복음을 전해주는 것을 의미합니다. 그러므로 특정한 교파나 교단의 교리를 전하는 것보다는 복음의 주인공 되시는 구세주 예수 그리스도에 관하여 전해 주어야 합니다. 요한복음 1장 44절에서 45절에 보면 빌립

은 자기의 친구 나다나엘에게 전도할 때에 예수 그리스도에 관하여 소개하면서 "모세가 율법에 기록하였고 여러 선지자가 기록한 그이를 우리가 만났으니 요셉의 아들 나사렛 예수니라"고 전하였습니다.

2. 전도의 방편

전도를 하는 방편으로 삼을 수 있는 길이 세 가지가 있습니다.

① 전함

예수 그리스도를 전하는 것입니다. 전하는 방법이 예를 들면 전도지나 문서를 전하므로 할 수 있고 또한 방송을 통해서 하거나 심지어는 편지를 써서 전하는 방법도 있습니다. 그러나 무엇보다도 내가 직접 찾아가서 전해주어야 합니다. 로마서 10장 14절에 "전파하는 자가 없이 어찌 들으리요"라고 말씀하셨습니다. 이렇게 전하는 자가 있어야 들을 자가 듣고 구원받을 수 있습니다.

② 교훈함

말씀으로 교훈하는 것도 하나의 전도의 방편으로 볼 수 있습니다. 즉, 설교도 전도의 방편으로 삼을 수도 있다는 것입니다. 전도의 목적이 영혼 구원에 있다면 설교 듣는 사람들 중에도 이미 교회는 나왔으나 아직도 구원에 이르지 못한 자들이 있을 수 있습니다. 따라서 설교를 통하여 예수 그리스도를 영접하고 구원받을 수 있기 때문에 말씀의 교훈(Sermon)도 전도의 방편이 될 수 있습니다.

③ 가르침

교육(Teaching)하는 일은 초대교회 당시 사도의 직무 중의 하나였습니다(행2:42, 5:21, 5:25, 5:42, 19:1~10, 28:16~22). 성경 말씀을 가르쳐 교육함으로 불신자나 초신자, 또는 기존 신자까지도 구원에 이를 수 있습니다. 그러므로 교회의 사명은 끊임없이 가르치는 데에 있다는 것을 알아야 합니다. 왜냐하면 가르침으로 영혼을 구원받게 할 수 있기 때문입니다.

3. 전도의 목표

전도에는 목표가 분명해야 합니다. 전도의 목표가 교회 부흥이라는 미명하에 단순히 교세 목표(1,000명 또는 10,000명 달성)에 있다면 이는 분명히 잘못된 것입니다. 전도의 목표는 다음과 같은 데에 그 목적을 두어야겠습니다.

① 영혼의 구원

죄와 사망에 있는 영혼이 구원받는 데 그 목표가 있습니다 (마1:21. 롬8:1~2).

② 교회의 설립

사도바울은 전도하여 영혼을 구원한 후에는 반드시 교회를 개척하여 설립하였습니다. 그 이유는 마치 새로 태어난 어린아이가 양육 받기 위하여 부모가 필요하고 가정이 필요하듯, 새로 믿어 구원받은 영혼이 새 삶(New Life)을 살아가며 신앙이 성장토록 양육 받기 위해서는 교회가 필요한 것입니다. 교회는 구원받은 영혼을 양육시키는 영적인 가정과 같은 곳이기 때문입니다

③ 전도인의 양육

예수님의 3년간 제자 훈련은 전도인으로서의 자격을 갖추기 위한 양육이었습니다. 그러므로 전도의 목표는 전도를 통하여 그 영혼이 구원받은 후, 자신도 다른 사람의 영혼을 구원키 위한 전도인으로서 양육되어 가야 하는 것입니다.

4. 전도의 중요성

전도는 마치 물에 빠진 사람을 건져내는 것과 같고, 구덩이에 빠진 양을 건져 내는 것과 같으며(마12:11~12), 소경의 눈을 뜨게 하는 것과 같고(사42:7), 감옥에 갇힌 자를 놓아 자유 하게 하는 것과 같으므로(사42:7), 매우 중요한 일인 것입니다.

1. 전도는 왜 해야 합니까?

성경에는 전도할 것을 여러 번 강조하였습니다. 전도가 얼마나 중요하면 사도 바울은 고린도전서 9장 16절에 "내가 복음을 전할지라도 자랑할 것이 없음은 내가 부득불 할 일임이라 만일 복음을 전하지 아니하면 내게 화가 있을 것임이로다"라고 까지 고백했을까요? 이것은 마치 전도하지 않으면 하나님께 큰 화를 당할 것 같은 심정으로 복음을 전하던 바울의 입장이었으나, 오늘날 우리 모두가 이런 심정으로 전도를 중대하게 여기고 행하여야 할 것입니다. 그러면 전도가 필요한 이유가 무엇입니까?

① 예수님께서 명령하셨기 때문입니다. (막16:15)

② 예수님 자신도 전도하셨기 때문입니다. (막1:38)

③ 예수님이 이 땅에 오신 목적이 전도였기
   때문입니다. (막1:38)

④ 성도의 의무이기 때문입니다.
   (고전9:16)

⑤ 능력을 힘입기 때문입니다.
   (막16:17~18)

⑥ 하나님의 소원이기 때문입니다.
   (딤전2:4)

⑦ 축복을 받기 때문입니다.
   (단12:3)

⑧ 교회가 부흥되기 때문입니다.
   (눅14:23)

2. 전도는 큰 사명입니다.

한 사람이 한 사람씩 전도하면, 10년 후에는 1,024명이 믿게 되고 32년 후에는 43억이나 믿게 되므로 세계복음화가 가능하게 됩니다. 오늘날 폭발적 부흥을 이룩하고 있는 교회는 모두가 전도 운동을 조직적으로 전개해 나가는 교회들이었습니다. 전도를 하려면 전도자의 자세가 갖추어져야 합니다. 다음의 태도는 전도자의 태도입니다.

① 영혼을 사랑하는 태도가 있어야 합니다.
② 자기를 희생하는 태도가 필요합니다.
    ㄱ. 영적 희생 (기도)
    ㄴ. 육적 희생 (찾아 나선다)
    ㄷ. 물적 희생 (사랑의 선물)
③ 인내하는 태도가 필요합니다.
④ 고난을 감수하는 태도가 필요합니다. (딤후4:5)
⑤ 매사에 적극적인 태도가 필요합니다.

3. 전도의 대상은 누구입니까?

전도의 대상자들은 언제나 우리들의 전도를 기다리고 있음을 알아야 합니다.
결국 우리가 전하여 주지 아니하면 그들은 다 멸망을 받게 되므로 전도는 중요한 일입니다.

① 만민 누구에게든지 전해야 합니다.
   (막16:15~16)

② 가난과 질병으로 고통당하는 자들에게 전해야
   합니다. (막16:17~18, 고후8:9)

③ 영적으로 죽은 자에게 전해야 합니다.
   (롬3:10~12)

④ 삶에 참 만족과 기쁨이 없는 자에게
   전해 주어야 합니다. (요14:27, 마11:28)

⑤ 모든 족속에게 전해야 합니다. (마28:19~20)

4. 전도의 요소는 무엇입니까?

전도를 효과적으로 하기 위해서는 다음의 3가지 요소를 갖추어야
할 것입니다.

① 인적 요소
전도의 활동을 위한 사람이 있어야 합니다. 그렇게
하기 위하여서는 전도 훈련을 받은 인재가 있어야
할 것입니다.

예수님의 열두 제자는 훌륭한 인적 자원이었습니다. 모세(출 3:7~10)나, 이사야(사6:8), 또는 요나(욘1:2)는 전도에 필요한 좋은 인적 자원이었습니다. 그러므로 전도의 요원들을 훈련시켜야 할 것입니다.

② 물적 요소
보다 더 효과적인 전도를 위해서는
물질적인 투자가 있어야 합니다.

초대교회는 구제와 전도를 위해서 재산으로 헌금을 했고 (행2:45), 뿐만 아니라 물건까지도 서로 통용하였습니다. (행4:34~37)

③ 영적 요소
영적 요소란 무엇보다도 영혼을 구원하기 위한 기도를 말합니다. 기도 없이 영혼을 구원할 수는 없을 것입니다. 예수님께서 수 없이 많은 시간들을 기도에 쏟으신 것은 영혼을 구원키 위한 일들이 었 습 니 다 (막1:35, 눅 6:12, 3:21~22, 6:12~13,

9:18~21, 마14:23, 눅24:30, 막6:31, 마26:36, 눅22:39~41, 23:34~36). 사도 바울도 자신의 복음 전하는 일을 위하여 기도하여 줄 것을 부탁하였습니다(살후3:1, 고후1:11). 기도는 영적 자원을 확보하는 것입니다. 그러므로 기도를 통하여 영적 자원을 확보하고 전도할 때 영혼을 구원하게 될 것입니다.

5. 전도의 방법

오늘날 전도의 다양한 방법이 소개되고 있으며 또한 많은 전도의 교육과 세미나가 열리고 있습니다. 그러나 어떠한 방법이라도 실제로 활용을 못 하면 아무런 효과가 없습니다. 전도는 단순히 교세 확장을 위한 운동도 아니고 교단 P.R 운동도 아닙니다. 그뿐만 아니라 어떤 특정한 개인을 선전하기 위한 작업도 아닙니다. 전도는 어디까지나 복음(Good News)을 전파하는 데 있습니다.

1. 전도의 내용을 바르게 전해야 합니다.
과연 무엇을 어떻게 전해주어야 할 것인가? 하고 전도할 때 난감해질 때가 있습니다. 여기 전도의 내용을 간단히 소개 합니다.

① 인간의 타락과 범죄를 전해야 합니다.

먼저 인간의 타락과 범죄를 전해주어야 구원의 필요성을 인식하게 될 것입니다. 창세기 3장 1절에서 7절에 보면 인간이 범죄하고 타락된 경로를 말씀해 주고 있으며 로마서 3장 23절에 "모든 사람이 죄를 범하였다"고 말씀하셨습니다.

② 범죄의 결과를 전해야 합니다.

인간이 범죄 한 이후 비참해진 고통의 상태를 말
해 주어야 합니다. 로마서 6장 23절에 "죄의 삯은
사망이니라"고 하였고 히브리서 9장 27절에 "사람
은 누구나 죽은 후에 심판이 있다"고 하였습니다.

③ 인간 구원을 위한 하나님의 사랑을 전해야 합니다.

범죄의 결과로 멸망에 있는 인간을 하나님이 사
랑하셔서 구원시키려는 하나님의 사랑을 전해
주어야 합니다. 요한복음 3장 16절에 "하나님이
세상을 사랑하셔서 독생자를 보내셨다"고 하였
고 로마서 5장 8절에는 하나님의 사랑의 표현이
예수 그리스도를 죽게 하시므로 나타내셨다는 것을 말씀하고 있
습니다.

④ 인간 구원을 위해 하나님이 하신 일을 전해야 합니다.

예수 그리스도를 통하여 인간을 구원하시
는 놀라운 계획을 소개해야 합니다. 에베소
서 2장 1절에 "허물과 죄로 죽었던 우리를
예수 그리스도와 함께 살리셨다"고 말씀하
셨습니다. 또한 빌립보서 2장 8절에 십자가에서 예수 그리스도가
죽으신 것을 말씀하고 있습니다.

⑤ 구원을 위하여 예수를 믿어야 함을 전해야 합니다.

구원받게 하기 위해서는 무엇보다도 예수 그리스도를 믿은 후 영접해야 할 것을 알려 주어야 합니다. 요한복음 1장 12절에 "예수 그리스도 곧 그 이름을 믿는 자들에게는 하나님의 자녀가 되는 권세를 주셨다"고 말씀하였습니다.

⑥ 교회에 출석할 것을 반드시 전해야 합니다.

믿고 구원받은 후에는 지속적인 신앙생활로 양육 받아야 신앙이 자랄 것입니다. 그래서 교회 생활이 필요함을 알려주고 가까운 교회를 선택하여 출석할 것을 권해야 할 것입니다.

2. 전도는 누가 할 수 있습니까?

전도는 과연 어떤 사람이 할 수 있을까요? 이사야 6장 8절에 선지자 이사야는 "나를 보내 주소서"라고 자원하고 있습니다. 전도는 억지로 십자가를 지듯 하는 것이 아니라 영혼을 구원코자 하는 사명에 불타는 사람이 할 수 있습니다. 전도는 자원하여 전해야 합니다. 다음과 같은 사람은 전하지 않을 수 없을 것입니다.

① 구원의 확신이 있는 사람입니다.
　　(엡2:8~9)

② 복음의 빚 진 사람입니다.
   (고전9:16)

③ 성령 충만한 사람입니다.
   (엡5:8, 행6:10)

④ 영혼을 사랑하는 사람입니다.
   (행4:31)

⑤ 죽도록 충성하는 사람입니다.
   (계2:10)

⑥ 복음을 부끄러워하지 않는 사람입니다.
   (롬1:16)

⑦ 기도에 힘쓰고 열심 있는 사람입니다.
   (삼상12:23)

⑧ 말씀에 충만한 사람입니다. (요15:26, 벧전1:23)

⑨ 인내하는 사람입니다.
   (히12:1~2)

⑩ 긍정적인 사람입니다.

   (막9:23)

⑪ 섬기는 사람입니다.

   (마20:28)

⑫ 거듭난 사람입니다.

   (요3:5)

⑬ 믿음의 사람입니다.

   (마16:16~19)

⑭ 사명감이 있는 사람입니다.

   (행20:24)

⑮ 영적으로 성장한 사람입니다.

   (엡4:14)

3. 전도의 실제 대상자는 누구입니까?

전도의 대상자는 물론 불신자이지만, 역시 갈급한 사람이 물을 찾듯이 곤경에 처하여 신앙을 필요로 하는 사람이 우선이라고 할 수 있습니다.

① 병든 사람입니다.

② 실패한 사람입니다.

③ 소외당한 사람입니다.

④ 믿고 싶으나 용기가 없는 사람입니다.

⑤ 믿다가 낙심한 사람입니다.

⑥ 새로 이사 온 사람입니다.

⑦ 교회를 정하지 못한 사람입니다.

⑧ 이단종교에 빠진 사람입니다.

4. 예수님의 전도 방법을 배웁시다.

예수님은 (요4)에 보면 수가성 사마리아 여인에게 전도하셨습니다. 이 여인은 부정한 여인이요, 당시 소외당한 여인이었습니다. 그러나 예수님은 이런 여인에게도 전도하시므로 영혼 구원의 귀중성을 알려주셨습니다.

① 비천하고 소외된 자를 전도합시다.

② 대화를 전개합시다. (7)

③ 인생에게 필요한 것이 영생수임을 알려줍시다. (14)

④ 인간의 부족한 실상을 알려줍시다. (16)

⑤ 참된 예배를 드리는 것을 알려줍시다. (23)

5. 대상자가 정해지면 다음과 같이 합니다. (태신자)

개인 전도의 대상자를 태신자라고 합니다. 이는 앞으로 전도하여 교회로 인도하면 새로 태어날 영적 생명이라 하여 마음에 품고 있는 전도 대상자를 가리키는 것입니다. 태신자를 위하여 다음과 같이 합시다.

① 매일 세 번씩 그의 이름을 부르면서 기도합시다.

② 그에게 사랑과 관심을 쏟읍시다.

③ 그에게 자주 신앙의 간증을 들려줍시다.

⑤ 교회 생활의 장점을 알려 줍시다.

⑥ 구역예배 또는 교회의 특별행사에 초청하여
교회와 접촉시키는 기회를 만듭시다.

6. 개인 전도의 주의할 점을 지킵시다.

개인 전도에는 주의하여야 할 점이 있습니다. 전도는 어디까지나
사람을 인도하는 것이므로, 태신자를 절대로 불쾌하게 해서는 안
될 것입니다.

① 절대로 강요하지 맙시다.

② 외모를 단정히 합시다.

③ 언어를 친절하게 구사합시다.

④ 타 종교를 비방하거나 논쟁을 삼가 합시다.

⑤ 지방색을 나타내지 맙시다.

⑥ 너무 장시간 머물러 있지 맙시다.

⑦ 확답을 성급하게 받아내려고 하지 맙시다.

6. 전도의 실제

전도의 실제는 대략 전도 대상자에게 증거 ⇨ 초청 ⇨ 결신 ⇨ 교회로 인도, 이런 순서로 진행되어야 합니다.

1. 증 거

믿지 않는 불신자에게 과연 성경 말씀을 증거해야 효과가 있을까? 라는 회의감을 버리고, 담대히 그리고 진지하게 증거한다면, 성령께서 역사하여 주실 것입니다. 다음의 내용을 증거 합시다.

① 하나님은 사랑이시라. (요3:16, 10:10)

② 모든 사람이 죄인이다. (롬3:10~12, 3:23)

③ 인간은 자신을 스스로 구원할 수 없다. (딛3:5)

④ 예수께서 우리 죄를 위하여 대신 죽으셨다. (벧전3:18)

⑤ 오직 예수를 믿음으로 구원받을 수 있다. (요1:12)

⑥ 구원받은 결과로 하나님의 자녀가 되고, 축복
받는 생활이 시작된다. (골1:13~14, 갈3:26)

⑦ 영원한 소망의 생활이 넘친다. (요14:1~3)

⑧ 회개하고 복음을 믿으라. (막1:15)

⑨ 인간이 죽은 후에는 심판이 있다. (히9:27)

⑩ 예수만이 유일한 생명의 길이다. (요14:6)

⑪ 죄에 지치고 피곤한 자들은 예수께로 오라. (마11:28)

⑫ 예수는 심판의 주로 다시 재림하신다. (살전4:16~17)

2. 초청
초청이란 전도 대상자가 예수님을 구세주로 영접하고 구원받을 수 있도록 기도하게 하는 것을 말합니다.

① 영접 단계
예수 그리스도를 구세주로 영접하게 합니다.

② 고백 단계
예수를 영접했으니 당신이 구원받았느냐?고 묻고, 그가 대답하면 예수가 구세주임을 고백하게 합니다.

③ 기도 단계
구원받은 그에게 초청의 기도를 드리게 합니다. 초청의 기도는 다음의 기도문에 따라 하게 하는 것이 좋습니다. "주 하나님! 나는 죄인이었음을 고백합니다. 그러나 예수님이 나를 사랑하셨음을 깨닫게 되었습니다. 주님이 나를 위하여 십자가에 죽으심을 감사 드리며 주님을 믿음으로 죄 사함 받음을 믿습니다. 이제 나는 예수님을 나의 구세주로 모셨습니다. 나는 구원 받은 것을 믿고 감사 드립니다. 예수님의 이름으로 기도 드립니다. 아멘"

3. 결 신

예수를 영접하여 초청하고 구원받았으면 그는 결신자가 되었습니다. 결신자에게는 반드시 다음과 같은 다짐을 해줘야 합니다.

① 성경, 찬송을 구입하게 할 것.

② 매일 성경을 읽고 기도하게 지도해 줄 것.

③ 다시 한번 본인 자신이 하나님의 자녀로 구원받았
　다는 사실을 잊지 않도록 해줄 것.

4. 교회 인도

결신자는 교회 생활을 잘 하도록 인도해 주어야 합니다. 지속적인 교회 생활은 신앙을 성장하게 하며, 그도 남을 전도할 수 있는 전도인으로 양육될 것입니다.

① 교회에 등록시켜야 합니다.

② 교역자의 심방을 받게 합니다.

③ 교회의 기관에 소속하여 활동하게 합니다.

④ 성경 공부에 참여하게 합니다.

⑤ 교회 출석을 충실하게 하여야 합니다.

5. 결신자가 탈락하는 이유

예수를 믿고, 영접하고 초청하여 결신하였으나 탈락하는 경우가 있습니다. 심지어는 교회를 꾸준히 잘 다니다가도 탈락하는 경우를 보게 됩니다. 여기 그 이유를 알아서 탈락을 방지해야 할 것입니다.

① 전도인이 한 번만 교회로 데리고 온 후 그 뒤에 무관심 할 때입니다.

② 교인들의 무관심 때문입니다.

③ 교역자들의 무관심 때문입니다.

④ 교회 생활에 취미를 붙이지 못하기 때문입니다.

⑤ 지나친 죄의식(술, 담배, 도박 등) 때문입니다.

⑥ 전도인의 호의를 봐서 한 번 교회에 인사차 나왔기 때문입니다.

⑦ 교회에서 전도의 목표 때문에 아무나 데리고 나왔기 때문입니다.

⑧ 신앙과 진리의 깨달음이 없기 때문입니다.

⑨ 믿는 가족들이 신앙의 본을 보이지 못했기 때문입니다.

⑩ 믿지 않는 불신 가족의 핍박 때문입니다.

⑪ 생활 형편상 거처를 옮겨 이사하는 경우 때문입니다.

⑫ 생업에 시간이 빼앗기기 때문입니다.

지상 교회의 참된 사명은 예수 그리스도께서 다시 오시는 그날까지, 쉬지 않고 생명을 구원하는 구령사업에 총력을 기울여야 할 것입니다. 왜냐하면 그리스도께서 오시면 반드시 당신의 명령대로 행하였는가를 확인할 것이며, 따라서 상급을 주실 것이기 때문입니다.

퍼펙트 전도 수첩 활용 방법

1️⃣ 전도 수첩을 꼼꼼히 읽어보세요.

전도 수첩을 읽어보며 전도의 의미, 전도의 중요성, 전도의 방법, 전도의 실제를 다시 한번 되새겨보세요. 수첩에 나와 있는 성경 구절을 찾아보며 말씀과 기도로 전도를 준비합니다.

2️⃣ 전도 대상자(태신자)를 정하여 수첩에 기록하세요.

전도하고 싶은 대상자를 말씀과 기도 가운데 정하고 마음에 품으세요. 하나님께서는 마음에 품은 영혼을 꼭 인도하여 주실 것입니다.

3️⃣ 태신자를 위한 기도 제목을 수첩에 기록하세요.

태신자를 위한 기도 제목을 수첩에 적고 매일 세 번씩 그의 이름을 부르면서 기도합시다.

성령의 도우심으로 태신자를 위한 기도의 분량만큼 태신자의 결신이 빨라집니다.

4️⃣ 태신자를 위해 섬긴 내용을 수첩에 기록하세요.

태신자를 위해 섬김을 실천하세요. 제자들을 섬기신 예수님처럼 낮은 자세로 태신자를 섬겨보세요. 사랑과 관심을 쏟고 그 내용은 꼼꼼히 수첩에 적어보세요.

5 태신자에게 하나님을 말씀을 증거하세요.

수첩에 나와 있는 성경 말씀을 찾아가며 태신자에게 말씀을 증거하세요. 믿지 않은 불신자에게 과연 성경 말씀을 증거해야 효과가 있을까? 하는 회의감을 버리세요. 담대히 그리고 진지하게 증거한다면, 성령께서 역사하여 주실 것입니다.

6 태신자를 초청하세요.

초청이란 전도 대상자가 예수님을 구세주로 영접하고 구원받을 수 있도록 기도하게 하는 것을 말합니다. 수첩에 나와 있는 데로 태신자와 함께 초청의 기도를 드려보세요. 예수님을 영접하고 초청하면 그는 결신자가 되었습니다.

7 결신자가 교회 생활을 잘 하도록 인도하세요.

결신자에게 도움을 준 일들과 결신자를 위한 기도를 수첩에 적어보세요. 결신자가 교회 생활을 잘 하도록 인도해 주어야 합니다. 지속적인 교회 생활과 신앙 안에서 성장할 수 있도록 바르게 인도해야 합니다.

♥ 마음에 품은 영혼 ♥

◆이름 :   (남 · 여) ◆연령 :   ◆종교 :

◆전화 :   핸드폰 :

◆생년월일 :   (양 · 음)

◆주소 :

◆메모/기도제목

◆ 나의 섬김이 ◆

횟수	날짜	내용	결과
1			
2			
3			
4			
5			
6			
7			

※ 태신자를 위해 하루에 3번 기도하세요.
　기도의 분량만큼 태신자의 결신이 빨라집니다.

♥ 마음에 품은 영혼 ♥

◆이름 :   (남 · 여) ◆연령 :   ◆종교 :

◆전화 :   핸드폰 :

◆생년월일 :   (양 · 음)

◆주소 :

◆메모/기도제목

◆ 나의 섬김이 ◆

횟수	날짜	내용	결과
1			
2			
3			
4			
5			
6			
7			

※ 태신자를 위해 하루에 3번 기도하세요.
기도의 분량만큼 태신자의 결신이 빨라집니다.

◈ 태신자 명단

NO	이름	연락처	나이	메모

한 영혼이 한 천하!

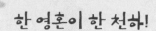

멕시코만 해안에는 파도에 휩쓸려 온 수많은 불가사리들이 있다. 한 어부가 해 질 녘의 해안을 거닐며 백 사장의 불가사리들을 다시 바다로 던져 넣고 있었는데 이 모습을 본 한 남자가 물었다.

"그렇게 불가사리를 살려줘도 무슨 소용이 있습니까? 어차피 당신 혼자서는 여기 있는 불가사리를 전부 살려줄 수 없습니다." 어부는 그 앞에서 불가사리 하나를 다시 집어 바다에 던지면서 돼 물었다.

"아무 소용이 없다고요? 내가 방금 바다로 던진 불가사리한테도 그런 말을 할 수 있습니까? 내가 여기 있는 불가사리 전부를 살려 줄 수는 없지만 방금 내가 던진 불가사리는 나로 인해 생명을 구했습니다." 어부의 말을 들은 남자는 한 마디도 반박할 수 없었다.

나의 구원을 위하여 고난받으시고 피 흘리신 주님을 생각한다면, '예수님의 지상명령'을 결코 잊어서는 안 될 것이다. 나로 인해 구원받은 사람이 단 한 명이라도 있다면 그것은 진정한 인생의 축복이다.

- 전도하지 않는 죄 -

"만일 복음이 그 자체가 주장하는 대로 기쁜 소식이며 또한 우리를 확신시키고 있는 것이라면, 우리가 복음을 전하지 않는다는 것은 죄를 범하는 것이다."

- 존 스타트 -